Besuchen Sie mich im Internet:
www.qigong-jever.de

Major a.D. Norbert Strehlow, B.A.

Dirty Harry Jetpilot

-Selbstjustiz von Amts wegen?-

*Bibliografische Information
der Deutschen Nationalbibliothek:*

Die Deutsche Nationalbibliothek verzeichnet diese Publikation in der Deutschen Nationalbibliografie; detaillierte bibliografische Daten sind im Internet über http://dnb.dnb.de abrufbar.

Originalausgabe Mai 2016

© 2016 Norbert Strehlow

Fotos: Norbert Strehlow

Herstellung und Verlag: BoD – Books on Demand

ISBN: 978-3-7412-0565-1

Wer in der Wahl zwischen Recht und Nutzen noch unschlüssig ist, wer sich eine Handlung der Ehrlichkeit zum Verdienste anrechnet, ist kein rechtschaffener Mann.

Immanuel Kant

In Gedenken an all meine Kameraden, die den Ruhestand nicht erreicht haben.

Vorwort

Ich bin als Waffensystemoffizier beim Jagdgeschwader 71 „Richthofen" in Wittmund das Jagdflugzeug F4-F Phantom II geflogen. Eine Aufgabe des Jagdgeschwaders ist es, den deutschen Luftraum zu sichern. Für diesen Zweck sind rund um die Uhr zwei vollaufgetankte und aufmunitionierte Maschinen als QRA (Quick Reaction Alert) ständig in Alarmbereitschaft. Diese beiden Jagdflugzeuge sind im 24-Stunden-Rhythmus jeweils mit einem Piloten und einem Waffensystemoffizier ständig einsatzbereit. Die Aufgabe dieser Alarmrotte ist es, innerhalb kürzester Zeit – in der Regel sind das 15 Minuten, es können aber auch nur 10 Minuten sein – mit ihren Jagdflugzeugen in der

Luft zu sein, um dann mit Unterstützung einer Leitstelle jedes Luftziel schnellstmöglich zu erreichen.

In Zeiten des Kalten Krieges kam es beispielsweise vor, dass sowjetische Fernaufklärer vor dem deutschen Luftraum patrouillierten. Diese wurden dann von der Alarmrotte abgefangen und es wurde ihnen zum Beispiel über Handzeichen vermittelt, dass sie nicht in den deutschen Luftraum einfliegen dürfen. Nach dem Fall der Mauer beschränken sich die Einsätze überwiegend auf Übungsflüge. Es kommt aber immer wieder vor, dass ein ziviles Flugzeug Probleme hat, zum Beispiel Ausfall der Navigationsinstrumente oder der Funkgeräte. Auch in diesem Fall wird die Alarmrotte alarmiert. Sie nimmt dann mit dem Flugzeug Sichtkontakt auf und kommuniziert dann mit Handzeichen, zum Beispiel welche Funkfrequenz zu nutzen ist oder dass das Flugzeug der Alarmrotte folgen soll. So kann dann auch ein Flugzeug ohne funktionierende Navigationsinstrumente sicher seinen Bestimmungsflugplatz erreichen.

Nach dem Terroranschlag auf das World Trade Center in New York hat sich das mögliche Einsatzszenario der Alarmrotte aber verändert. Nun besteht die Möglichkeit, wenn ein ziviles Flugzeug entführt worden ist, dass es eine terroristische Bedrohung darstellen könnte. Um auf so eine Bedrohung reagieren zu können, hatte die Bundesregierung 2005 das Luftsicherheitsgesetz verabschiedet. Dieses Gesetz sollte den Abschuss eines zivilen Flugzeuges regeln. Bei den Besatzungen der Jagdflugzeuge, die regelmäßig auf der Alarmrotte ihren Dienst verrichten, kam sehr schnell die Frage auf, ob so ein Befehl zum Abschuss, auch wenn er dem Luftsicherheitsgesetz entspricht, rechtmäßig ist, denn durch diesen Befehl würden dann auch unschuldige Menschen getötet werden. Die militärische Führung hat dann versucht, diese berechtigte Diskussion zu unterbinden. Besatzungen, die offen die Frage nach der Rechtmäßigkeit so eines Abschussbefehls stellten, wurde nahegelegt, zu kündigen. Ein General sagte: "Wer so einen Befehl nicht ausführen möchte, soll meine Luftwaffe verlassen."

Als die Bundeswehr 1955 gegründet wurde, wurde gleichzeitig das Prinzip der „Inneren Führung" mit dem Leitbild des Staatsbürgers in Uniform miteingeführt. Damit wollte man einen „Kadavergehorsam" wie bei der Wehrmacht verhindern. Natürlich gilt auch in der Bundeswehr das Prinzip von Befehl und Gehorsam. Aber die „Innere Führung" verlangt von jedem Soldaten eine Mitverantwortung und eine Mitwirkung bei Entscheidungen und Befehlen.[1] Der Paragraph 11 „Gehorsam" des Soldatengesetzes verlangt sogar im Absatz 2: „Ein Befehl darf nicht befolgt werden, wenn dadurch eine Straftat begangen würde." Und da das Prinzip der „Inneren Führung" von allen Soldaten verlangt, dass sie ihre Rolle in den Streit-

---

[1] Vgl. Bötel, Frank: Innere Führung und Staatsbürger in Uniform.
http://www.bundeswehr.de/portal/a/bwde/!ut/p/c4/DcgxDo
AgDADAt_iBdnfzF-piipTaQKrBIt-
X3Ha442D0qZDrbVRwxe3UOXQIPTK8Xlk9V-
LkDFKbxULCBmrGlY_U-Bop-ORl-gGxyMb-/
(23.01.2016).

kräften und in der Gesellschaft immer wieder neu reflektieren, war es selbstverständlich, dass sich die Piloten und Waffensystemoffiziere ernsthaft Gedanken über das Luftsicherheitsgesetz und deren Anwendung machten. Gerade das Prinzip der „Inneren Führung" gewährt den Soldaten Freiräume für selbstverantwortliches Handeln auf allen Ebenen. Diese sind und bleiben auch in Zukunft ein unverzichtbares Merkmal des Führungsverständnisses.[2]

Weiterhin hatten auch weite Teile der Gesellschaft Zweifel an der Rechtmäßigkeit des Luftsicherheitgesetzes. Es kam zur Klage. Das Bundesverfassungsgericht war dann gefordert, dieses Gesetz zu überprüfen und kam zu der Auffassung, dass es gegen Artikel 1 des Grundgesetzes verstoßen würde. Nur in einem ganz eng gefassten Rahmen dürfe es zur Anwendung kommen und den Abschuss eines zivilen Flugzeuges rechtfertigen. Damit war für uns, die im Jet „am Abzug sitzen" würden, alles klar – das Bundesverfassungsgericht hatte das Luftsicherheitsgesetz genauso eingeschränkt, wie wir es hinterfragt hatten.

Obwohl die rechtliche Frage nun geklärt war, hat uns ein General dazu aufgefordert zu überlegen, wie wir reagieren würden, wenn wir ein von Terroristen entführtes Flugzeug abfangen würden. Er brachte dann den Vergleich mit Dirty Harry, einen von Clint Eastwood gespielten Polizisten, der zur Selbstjustiz greift. Wir sollten überlegen, wie eben dieser Dirty Harry in

---

[2] Ebd.

seinen Filmen bei so einer Situation reagieren würde. Wir sollten bedenken, dass Dirty Harry alles tun würde, um zum Beispiel das unschuldige Leben eines entführten Kindes zu retten. Er würde dann alles dransetzen, um vom Entführer den Aufenthaltsort des Kindes zu erfahren. Diese Rede des Generals führte dann bei uns Besatzungen zu Unverständnis. Für uns war es eindeutig, dass wir nicht gegen das Urteil des Bundesverfassungsgerichts und damit gegen unser Grundgesetz verstoßen dürften. Immerhin haben alle Soldaten einen Eid auf die Verfassung und die freiheitliche demokratische Grundordnung geschworen. Aber trotzdem hat diese Rede des Generals eine moralische Frage aufgeworfen:

Darf man unschuldige Menschen töten, wenn man dadurch andere Menschen retten kann?

Nach meiner Dienstzeit bei der Luftwaffe habe ich an der Carl-von-Ossietzky-Universität in Oldenburg u.a. Philosophie studiert. Während meines Studiums habe ich mich intensiv mit Moralphilosophie befasst, dabei lag das Augenmerk vermehrt auf Kant. Ich fand es nun interessant mein „altes Leben" als Major der Luftwaffe mit meinem „neuen Leben" als Philosoph zu verknüpfen. Deswegen hat mich die Frage interessiert, ob es moralisch und ethisch erlaubt sein kann, eine gewisse Anzahl von unschuldigen Menschen zu töten (zu opfern), damit das Leben von anderen unschuldigen Menschen gerettet werden kann. Es geht also um die Frage, kann man – darf man – Menschenleben gegeneinander aufrechnen?

Mit so einer Extremsituation werden die meisten Menschen (hoffentlich) nie in Berührung kommen. Obgleich einem so eine Situation in Hollywood-Filmen regelmäßig vor Augen geführt wird und sich jeder bestimmt bewusst oder unbewusst für oder gegen die Handlung des Helden entscheidet. Leider ist so eine Extremsituation, bei der ich mich für das eine oder andere Leben entscheiden muss, aber auch im Alltag denkbar. Wie kann ein Arzt oder der Ehemann zwischen Mutter und Kind entscheiden, wenn bei oder vor der Geburt was schiefgeht? Wie können Politiker bei einem Seuchenfall wie Ebola entscheiden: Schicken wir Hilfspersonal in die betroffenen Regionen, obwohl für diesen Personenkreis dann ein hohes Risiko für das eigene Leben bestünde?

Noch schwieriger ist diese Entscheidung bei einer Atomkatastrophe wie in Tschernobyl oder Fukushima. Gerade die notwendigen Ersthelfer, die noch versucht haben, schlimmere Folge zu verhindern, sind in den sicheren langsamen Tod geschickt worden. Es gibt viele weitere Beispiele für so eine Extremsituation. Und es gibt viele Berufsgruppen, die sich tagtäglich in so einer Situation befinden können, wie zum Beispiel Polizei, Feuerwehr, Besatzungen von Seenotrettungsschiffen …

Natürlich besteht teilweise ein Unterschied: In manchen der Situationen, die ich genannt habe, ist das ein „Riskieren", nicht ein „Töten"! Mir geht es hier aber um den Fall des gezielten Tötens, um damit andere Menschenleben zu retten. Auch wenn man in so eine Situation hoffentlich nie geraten wird, können die Überlegungen der kantischen Moralphilosophie dazu auch in den anderen von mir aufgezählten Situationen wertvoll sein.

Außerdem ist es für jeden Bürger eine durchaus wertvolle Frage, ob die Gesetze des Staates, in dem er lebt, überhaupt moralisch sind, beziehungsweise ob Gesetze überhaupt moralisch sein können. Es ist also eine Überlegung, die nicht nur im Einzelfall von Wert ist, sondern allgemein. Gerade wenn von der Politik etwas wie ein Gesetz über das gezielte Töten vorgelegt wird – der „finale Rettungsschuss" oder die Erneuerung des

Luftsicherheitsgesetzes, in dem der Abschuss ziviler Passagierflugzeuge erlaubt worden war.

Die Frage ist also unter anderem: Welchen Anhaltspunkt kann Kant mit seinem moralischen Gesetz dafür bieten, dass jemand, der in so einem Fall töten muss oder soll, Sittlichkeit und Glückseligkeit in Übereinstimmung bringen kann?

Ein moralisches Gesetz ist ein objektiver Bestimmungsgrund des Willens. Moralische Gesetze gehören nebst Maximen zu den praktischen Prinzipien. Kant nannte sie daher praktische Gesetze.

Ein moralisches Gesetz ist objektiv, das heißt allgemeingültig, und gilt immer für restlos alle vernunftbegabten Sinneswesen. Der Mensch zum Beispiel ist so ein vernunftbegabtes Sinneswesen. Damit ist der Mensch nicht nur durch seinen Instinkt oder seine Triebe geleitet, sondern kann mit seiner Vernunft erkennen und dann mit seinem Willen Entscheidungen treffen - auch völlig gegen den Instinkt, gegen die Triebe. Das unterscheidet ein vernunftbegabtes Sinneswesen (Mensch) von einem Sinneswesen (Tier).

Daher darf ein moralisches Gesetz, im Gegensatz zu einer Maxime, keine Objekte des Begehrungsvermögens zur Bedingung haben, denn so wäre es subjektiv, nur für einzelne Menschen gültig.

Die Objekte des Begehrungsvermögens sind Gegenstände, Zustände oder Tätigkeiten, deren Wirklichkeit begehrt wird, weil ihr Erreichen Lust verspricht. Sinn-

liche und geistige Freuden als Bestimmungsgrund sind immer empirisch, denn ich muss bereits erlebt oder erfahren haben, was mir da Freude verspricht. Materielle Bestimmungsgründe können also kein praktisches Gesetz abgeben

Was bleibt von einem praktischen Prinzip, wenn es keine Objekte hat? Kant nannte es die reine Form, eine rein formale Bedingung des Willens. Wenn sich jeder nach logischen, vernünftigen Kriterien an diese Bedingung halten kann, so ist sie ein moralisches Gesetz.

Diese Abstraktion eines praktischen Prinzips ist nur durch die Vernunft möglich. Unsere Vernunft gibt uns die Vorstellung einer Bedingung, ohne dabei ein konkretes Objekt der Sinne zu benutzen. Moralische Gesetze und Naturgesetze haben Gemeinsamkeiten, zum Beispiel in ihrer abstrakten Art. Und doch unterscheiden sie sich grundlegend darin, dass ein Naturgesetz nicht übertreten werden kann, ein moralisches Gesetz aber nicht übertreten werden darf.

Anders als die Maxime, wird ein moralisches Gesetz durch nichts bestimmt außer durch sich selbst. Die Vernunft ermöglicht uns das Erkennen der Gesetze, doch in der Natur ist nichts, was die Gesetze beeinflussen kann. Wenn unser Wille also von einem Gesetz bestimmt wird, so erlangen wir Freiheit von den Objekten der Natur. Diese Freiheit kann aber nur unser Wille erlangen, die Wirkungen unserer Handlungen (und auch die Handlungen selbst) sind immer von der Natur abhängig. Somit wird das moralische Gesetz weiter eingeschränkt. Es darf nur den Willen bestimmen, ohne dabei die Handlung und Wirkung zu beachten. Ob wir die Möglichkeit haben ein Gesetz auszuführen, darf keine Rolle spielen. Wir können deshalb auch unsere Handlungen nie mit Sicherheit beurteilen, sondern nur kontrollieren, ob unser Bestimmungsgrund ein moralisches Gesetz oder eine Maxime ist.

Der Bestimmungsgrund ist daher das einzige, was uns Gut und Böse unterscheiden lässt. Nur ein reines moralisches Gesetz ist ausnahmslos gut, eine einzige Maxime genügt, damit der Wille diese Reinheit des Gesetzes verliert. Selbst wenn die Maxime die gleiche Wirkung hat, kann man höchstens von Legalität, nicht aber von Moralität sprechen. Die Menschen sind verpflichtet, allein das moralische Gesetz zu achten und diesem ihren Willen zu unterwerfen.

Am 11. September 2001 ist eine neue Bedrohung erkennbar geworden. Passagierflugzeuge sind von Terroristen als „fliegende Bomben" missbraucht worden. Diese „fliegenden Bomben" können gegen Wolkenkratzer, Sport-Arenen, Atomkraftwerke und gegen andere kritische Ziele eingesetzt werden. Diese sogenannten Renegade-Flüge (Codewort der NATO) werden für die Passagiere an Bord und für die Menschen im „Zielgebiet" tödlich enden. Wie kann man oder soll man auf solch eine Bedrohung reagieren? Der Deutsche Bundestag hat deshalb am 11. Januar 2005 das Luftsicherheitsgesetz in Kraft gesetzt. Dieses Gesetz umfasst 21 Paragraphen und reguliert fast alles, was mit der Sicherheit im deutschen Luftverkehr zu tun hat. Dieses Gesetz erlaubt den Einsatz von Waffengewalt als allerletztes Mittel, um Menschenleben am Boden im „Zielgebiet" zu retten (§14.3 Luftsicherheitsgesetz).

Von Beginn an hat dieses Gesetz eine große Diskussion über die Grenzen der staatlichen Autorität ausgelöst. Schließlich hat das Bundesverfassungsgericht am 15. Februar 2006 entschieden, dass das Luftsicherheitsgesetz gegen Artikel 1 der Verfassung verstößt. Nach Auffassung des Bundesverfassungsgerichts ist ein solcher Abschuss nur in ganz speziellen Fällen vertretbar. Diese Einschränkungen sind so eng gesteckt, dass ein solcher Fall fast undenkbar geworden ist und das Luftsicherheitsgesetz ist damit praktisch außer Kraft gesetzt worden.

In anderen Ländern wird dieses Problem anders behandelt als in Deutschland. In den USA hat Präsident George W. Bush den Befehl erteilt, solche Renegade-Flugzeuge abzuschießen, um wenigstens die Menschen im Zielgebiet zu schützen, auch wenn das bedeutet, die Passagiere in der entführten Maschine zu opfern.[3]

Leider haben Entführungen von Passagierflugzeugen eine lange Tradition. Seit 1951 sind über 500 Flugzeuge entführt worden, um politische oder finanzielle

---

[3] Woodward Bob, Bush at War. Amerika im Krieg, 2nd ed., Stuttgart, 2003, S. 32

Forderungen durchzusetzen, und in mehr als 300 zusätzlichen Fällen ist eine Entführung vereitelt worden. Es gibt auch genügend Fälle, bei denen es nicht um eine Entführung, sondern um eine mögliche Bedrohung durch eine mögliche Entführung ging. In den von mir nachstehend aufgeführten Beispielen ist leider sehr schnell falsch gehandelt worden und viele Menschen sind dabei getötet worden.

Am 21. Februar 1973 war der Flug 114 der lybischen Fluggesellschaft auf einem regulären Flug von Tripolis über Bengasi nach Kairo. Dieser Flug ist auf Grund von schlechtem Wetter und Ausfall der Navigationsinstrumente in den israelischen Luftraum über der Sinai-Halbinsel eingedrungen. Während der Pilot versucht hat, wieder in den ägyptischen Luftraum zurückzukehren, ist das Flugzeug von zwei israelischen Abfangjägern abgefangen und abgeschossen worden. Von den 113 Passagieren an Bord haben nur fünf überlebt.

Am 1. September 1983 ist ein koreanisches Passagierflugzeug von einem sowjetischen Jäger abgeschossen worden, nachdem es versehentlich in den sowjetischen Luftraum eingeflogen und mit einem US-Spionageflugzeug verwechselt worden war. Alle 269 Passagiere kamen dabei ums Leben. Der Flug befand sich auf seinem planmäßigen Weg von New York über Anchorage nach Seoul.

Am 3. Juli 1988 ist ein iranisches Passagierflugzeug von der US Navy über der Straße von Hormus abgeschossen worden. Das Flugzeug war von der US Navy mit einem angreifenden Kampfflugzeug verwechselt worden. Alle Passagiere an Bord starben bei dem Abschuss.

Das Risiko einer Fehleinschätzung, einer möglichen Bedrohung kann leider nicht aus der Welt geschaffen werden. Denn nicht zuletzt wegen so einer möglichen Fehlentscheidung, bei der man nicht viel Zeit hat, sondern in kurzer Zeit zu einem Entschluss kommen muss, ist es wichtig, moralische Handlungsanweisungen zu finden, um hinterher sagen zu können: Wir haben richtig gehandelt. Wenn man einen guten Willen hat, und durch widrige Umstände kommt es leider dennoch zu einem schlechten Resultat, war es – wie ich noch später ausführen werde – nach Kant trotzdem eine gute Tat. Der Wille mag bei den oben genannten Beispielen in dem einen oder anderen Fall gut gewesen sein, die Folgen waren es nicht. Letztlich geht es aber darum, dass der gute Wille immer noch zählt, wenn die schrecklichen Folgen unabsehbar waren – dann kann man hinterher noch sagen: Zum gegebenen Zeitpunkt mussten wir so handeln, es war moralisch richtig.

Neben dem Hauptproblem, wie man legal mit so einer Situation umgehen soll, gibt es zwei weitere Probleme, die aus dem Luftsicherheitsgesetz resultieren. Es ist zum einen die Frage, ob in Deutschland irgendjemand das Recht hat, zu entscheiden, dass Menschen „geopfert" werden, damit andere überleben können.

Ein weiteres Problem besteht in der Frage, ob die Bundeswehr im Frieden innerhalb Deutschlands eingesetzt werden darf. Dieses Problem werde ich aber hier nicht behandeln, da es für die Fragestellung irrelevant ist.

Ein kurzer Blick auf die Europäische Menschenrechtskonvention und auf die Charta der Vereinten Nation zeigt, wie signifikant das Problem ist. Keine von beiden erlaubt das „Opfern" von Menschenleben in so einem Fall.

Wenn man dies alles weiß, stellt sich die Frage: Wie ist es möglich, ein solches Problem zu lösen, wenn eine gesetzliche Grundlage dafür eigentlich fehlt? Und es ist besonders interessant, auf welchen moralischen Voraussetzungen eine solche Lösung überhaupt fundieren könnte.

Diese Fragestellung, ob man eine gewisse Anzahl von unschuldigen Menschen töten (opfern) darf, damit das Leben von anderen unschuldigen Menschen gerettet werden kann, ist besonders für die fliegenden Besatzungen der Jagdverbände der deutschen Luftwaffe von großer Bedeutung geworden. Jagdflugzeuge sind nun mal per se dafür geeignet, andere Flugzeuge abzuschießen. Damit wäre diese Waffe automatisch erste Wahl, um so einer Bedrohung zu begegnen.

Dieser Personenkreis sah sich daher plötzlich mit dieser Frage konfrontiert. Obwohl mit dem Luftsicherheitsgesetz ein Abschießen einer Passagiermaschine scheinbar legitimiert worden war, war diese Frage zu meiner Bundeswehrzeit bei den Besatzungen immer wieder diskutiert worden und jede Crew hat damals für sich eine eigene Entscheidung darüber getroffen, wie sie voraussichtlich in einem solchen Szenario handeln würde.

Die Alarmrotte wurde aber nicht begründet, um zivile Passagiermaschinen abzuschießen. An eine Möglichkeit wie diese hat bei Gründung der Alarmrotte noch kein Mensch gedacht. Die Frage nach einer solchen Einsatzmöglichkeit kam erst nach dem 11. September ins Spiel.

Man mag, wenn man so einen Berufsweg einschlägt, auf manches vorbereitet sein, aber darauf war keiner von den Besatzungen vorbereitet. Nun sollte die Alarmrotte auch den Befehl ausführen, entführte Passagierflugzeuge abzuschießen, und dieser Befehl sollte nach §14.3 Luftsicherheitsgesetz legitimiert sein.

Ich werde, dieses Problem in Bezug auf die kantische Moralphilosophie aufschlüsseln. Dabei werde ich zuerst die kantische Moralphilosophie mit dem Utilitarismus vergleichen. Ich glaube, wenn man Menschen auf der Straße zu dieser Fragestellung befragen würden, dann würde ein Großteil der Befragten die Moral, die der Utilitarismus verkörpert, spontan als vernünftig und richtig empfinden. Daher möchte ich in dem Vergleich die Besonderheit der kantischen Moralphilosophie im Hinblick auf das Problem aufzeigen.

Der Utilitarismus ist eine normative Theorie zur moralischen Bewertung von Handlungen. Auf eine einfache Formulierung gebracht, lautet das utilitaristische

Grundprinzip: Handele immer so, dass das größtmögliche Maß an Nutzen entsteht, und dass die Folgen deiner Handlung für das Wohlergehen aller Betroffenen optimal sind. Damit möchte der Utilitarismus ein Kriterium bereitstellen, mit dessen Hilfe Handlungen, Normen und Institutionen moralisch beurteilt werden können. Dabei ergibt sich der Gesamtnutzen aus der Zusammenfassung aller individuellen Nutzen. Die moralische Richtigkeit einer Handlung ergibt sich beim Utilitarismus deshalb nur aus den Folgen, nicht aber aus der Handlung selbst.

Das bedeutet, dass nach der utilitaristischen Methode bei der Beurteilung einer Handlung stets deren Folgen betrachten werden müssen. Sind die Folgen einer Handlung überwiegend positiv, wird auch die Handlung als positiv bewertet. Ist jedoch voraussehbar, dass die Folgen überwiegend negativ ausfallen, ist die Handlung zu unterlassen oder es ist eine andere Handlungsalternative zu wählen. Andere Faktoren, wie zum Beispiel die Motivation des Akteurs, spielen im klassischen Utilitarismus eine untergeordnete Rolle.

Bei der vorliegenden Fragestellung gehen wir von der Situation aus, dass eine entführte Passagiermaschine als terroristische Waffe missbraucht werden soll. Diese Handlung kann man nach dem Utilitarismus folgendermaßen beurteilen:

In dem Flugzeug befinden sich wenige hundert Menschen (abhängig vom Typ der Maschine) und die Entführer. Die Anzahl dieses überschaubaren Personenkreises ließe sich anhand der Passagierliste leicht ermitteln. Es ist davon auszugehen, dass die Terroristen den größtmöglichen Schaden anrichten wollen. Es würde daher für die Entführer wenig Sinn ergeben, das Flugzeug „nur" auf einer leeren Wiese zum Absturz zu bringen. Wir müssen davon ausgehen, dass die Entführer sicherlich ein Zeichen setzen wollen, sie würden daher ein entsprechend symbolträchtiges Ziel wählen. Es ist weiter davon auszugehen: Je größer die Zahl der Opfer ist, umso größer ist auch das gesetzte Zeichen. Es ist folglich anzunehmen, dass die Zahl der Opfer viele tausend sein würde.

Somit haben wir auf der einen Seite die wenigen hundert Menschen in dem Flugzeug. Auf der anderen Seite kommt zu diesen Personenkreis - denn es ist sehr unwahrscheinlich, dass jemand innerhalb des Flugzeugs einen Absturz überleben würde - noch eine ungewisse sehr große Zahl an weiteren unschuldigen Opfern hinzu. Wenn man die Entführer also gewähren lassen und das Flugzeug nicht abschießen würde, wäre die Zahl der Opfer weit größer. Umgekehrt bedeutet das, dass ein Abschuss eine kleinere Anzahl an Menschenleben kosten würde. Und dieser Personenkreis von Opfern würde, wenn man die Terroristen nicht aufhält, dann bei ihrem Anschlag sowieso ums Leben kommen: zu retten wären sie nicht.

Da es beim Utilitarismus nur auf die Folgen, nur auf das Ergebnis ankommt, wäre ein Abschuss somit gerechtfertigt. Man würde einige vergleichsweise wenige Menschen „opfern", um sehr viele Menschen zu retten.

Allerdings wäre bei den Folgen zu berücksichtigen, wo dieser Abschuss stattfinden würde. Ein abgeschossenes Flugzeug kann sich nicht „in Luft auflösen". Die Trümmerteile werden unkontrolliert auf den Boden runterfallen. Das würde sehr wahrscheinlich zu weiteren unschuldigen Todesopfern am Boden führen. Daher muss dieser Abschuss über unbewohntem Gebiet erfolgen, damit die utilitaristische Rechnung aufgehen kann. Sollte der Abschuss allerdings erst sehr kurz vor dem eigentlichen Anschlagziel erfolgen können, wird die Fragestellung äußerst kompliziert.

Wir gehen davon aus, dass Terroristen ein markantes Ziel, wie zum Beispiel das Berliner Olympiastadion mit einer großen Anzahl an Menschen, während des DFB-Pokalendspiel, wählen würden. Damit hätten die Entführer ein symbolträchtiges Ziel gewählt und sie könnten bei einem vollbesetzten Stadion bis zu 80.000 Menschen treffen. Sollte nun dieser Abschuss kurz vorher erfolgen, kann man nicht vorhersehen, wo die Trümmerteile einschlagen würden. Sie könnten auch in das engbesiedelte Berliner Wohngebiet ringsum des Olympiastadions einschlagen. Es könnte also durchaus denkbar sein, dass ein Abschuss zu noch mehr Opfern führen würde, als wenn man die Terroristen gewähren lassen würde. Bei einer solchen Konstellation wäre die Fragestellung utilitaristisch nicht lösbar.

Der Utilitarist darf also nicht nur eine „Kosten–Nutzen–Rechnung" aufmachen, sondern er muss auch die Folgen berücksichtigen. Denn gerade auf die Folgen kommt es beim Utilitarismus an. Daher würde ein Utilitarist nur dann für den Abschuss stimmen, wenn dieser über unbewohntem Gebiet erfolgen könnte. Kann man aber dieses beim Erteilen eines Abschussbefehls im dichtbesiedelten Deutschland garantieren?

Bei Kant sieht das dann ein wenig anders aus. Gleich am Anfang in seiner „Grundlegung zur Metaphysik der Sitten" schreibt er: „Es ist überall nichts in der Welt, ja überhaupt auch außer derselben zu denken möglich, was ohne Einschränkung für gut könnte gehalten werden, als allein ein guter Wille."[4] Damit bestimmt Kant gleich am Anfang seine Marschroute. Im Gegensatz zum Utilitarismus sind für ihn die Folgen, die Ergebnisse nicht von Interesse, wenn es darum geht, das Gute zu definieren. Für ihn ist nur der Wille ausschlaggebend.

Das bedeutet jetzt sicherlich nicht, dass man die Folgen ganz vernachlässigen kann. Wenn es absehbar ist, dass diese negativ sein werden, sollte von einer Handlung abgesehen werden, auch wenn der Wille gut ist. Also: Wenn man eine Tat begeht und man dabei einen guten Willen hatte, negative Folgen nicht absehbar waren, dann ist dieses Tat nach Kant als gute Tat anzusehen, auch wenn durch widrige Umstände diese vermeintlich gute Tat zu einem negativen Resultat führt. Gerade dabei ist ein großer Unterschied zwischen der kantischen Moralphilosophie und dem Utilitarismus zu erkennen.

---

[4] Kant, Immanuel: Grundlegung zur Metaphysik der Sitten. Kritik der praktischen Vernunft. Frankfurt am Main: Suhrkamp Verlag 1974, S. 18.

Nun kann man den oben geschilderten Fall natürlich als guten Willen betrachten. Immerhin möchte man mit einem Abschuss des entführten Flugzeugs die 80.000 Menschen im Olympiastadion retten. Die Rettung so vieler Menschenleben ist als eine gute Tat anzusehen. So gesehen wäre diese Tat also auch gerechtfertigt.

Man muss dieses Szenario aber auch mit dem Kategorischen Imperativ, den Kant in seiner „Kritik der praktischen Vernunft" in §7 so formuliert hat: „Handle so, daß die Maxime deines Willens jederzeit zugleich als Prinzip einer allgemeinen Gesetzgebung gelten könne."[5] betrachten und eine entsprechende Maxime aufstellen und diese dann auf ihre Verallgemeinerbarkeit überprüfen. Eine solche Maxime könnte lauten: "Schieße ein von Terroristen entführtes Flugzeug (auch mit Unschuldigen an Bord) ab, wenn es offensichtlich erscheint, dass sie es als Waffe gegen noch mehr Unschuldige einsetzen wollen." Diese Maxime ist ganz klar vertretbar und auch verallgemeinerbar.

Nur macht es uns Kant leider nicht so einfach. Im Kategorischen Imperativ steckt auch noch die sogenannte „Selbstzweck-Formel". Kant schreibt in seiner „Grundlegung zur Metaphysik der Sitten": „Handle so, daß du die Menschheit, sowohl in deiner Person, als in der Person eines jeden andern, jederzeit zugleich als Zweck, niemals bloß als Mittel brauchest."[6]

---

[5] Ebd. S. 140.
[6] Ebd. S. 61.

Weiter ist im Kategorischen Imperativ auch eine materiale Implikation enthalten, nämlich die Idee der Glückseligkeit der Menschen. Kant schreibt dazu in seiner „Kritik der praktischen Vernunft" in §3 Anmerkung II: „Glücklich zu sein, ist notwendig das Verlangen jedes vernünftigen aber endlichen Wesens, und also ein unvermeidlicher Bestimmungsgrund seines Begehrungsvermögen."[7] Kant bezeichnet den Menschen als ein Wesen zweier Welten; er ist ein vernunftbegabtes Sinnenwesen. Der Mensch ist also heteronom und autonom bestimmt. Dadurch wird das Streben nach Glückseligkeit notwendig, weil wir als Sinnenwesen bedürftig sind, und da wir vernunftbegabt sind, können wir dieses auch erkennen.

Das Prinzip der Selbstliebe beinhaltet, dass die Glückseligkeit zum höchsten Bestimmungsgrund gemacht wird. Leider ist es aber nun mal nicht möglich, das Streben nach Glückseligkeit einfach als Maxime aufzustellen. Denn das Streben nach Glückseligkeit eines einzelnen Menschen kann die Glückseligkeit eines anderen Menschen wiederum zerstören. Damit kann eine solche Maxime nicht dem Prinzip der Verallgemeinerbarkeit standhalten, daher kann das Streben nach Glückseligkeit auch kein praktisches Gesetz sein. Die Glückseligkeit aller Menschen ist ungleich der Summe der Glückseligkeiten der einzelnen Menschen. Glückseligkeit aller Menschen kann man somit nur durch Moralität erreichen. Kant bezeichnet daher

---

[7] Ebd. S. 133.

die Einheit von Glückseligkeit und Sittlichkeit als höchstes zu erreichendes Gut.

Also müssen wir die oben aufgestellte Maxime auch nach der „Selbstzweck-Formel" und nach dem Streben nach Glückseligkeit betrachten. Denn was beinhaltet diese vermeintlich gute Tat noch? Sie beinhaltet den Tod der unschuldigen Passagiere und den Tod der Entführer. Wenn man also nun das entführte Flugzeug abschießen würde, dann würde man die Passagiere als Mittel missbrauchen und deren Selbstzweck missachten.

Das würde bedeuten, die Würde des Menschen zu missachten. Durch eine solche Behandlung werden die Betroffenen nicht mehr als Subjekte gesehen, als Menschen mit unveräußerlichen Rechten. Sondern sie werden dadurch, dass ihre Tötung als Mittel zur Rettung anderer benutzt wird, zu Dingen degradiert und damit ihrer Rechte beraubt.

Das heißt: Den Opfern einer Flugzeugentführung, die sich in einer Notsituation befinden, in denen sie selbst keine Alternative haben, würde man damit genau die Achtung verwehren, die ihnen als Mensch um ihrer Menschenwürde willen gebührt.

Man darf auch nicht damit argumentieren, dass ein Mensch, der in einem entführten Flugzeug sitzt, das als Tatwaffe verwendet werden soll, damit automatisch zum Teil dieser Waffe wird und deshalb als Teil dieser Waffe gesehen und behandelt werden müsste. Denn das würde bedeuten, diese Opfer nicht mehr als

Menschen wahrzunehmen. Sie wären mit dieser Denkweise nur noch Teil einer Sache, nämlich der Tatwaffe. Damit werden sie verdinglicht.

Jeder Mensch besitzt einen Selbstzweck. Und jeder Selbstzweck ist genauso „wichtig", wie jeder andere Selbstzweck. Das heißt: Zwei Menschen, zwei Selbstzwecke, und man kann unmöglich entscheiden, welcher von den beiden der wichtigere Selbstzweck ist. Da wir von einem Menschen nur sagen können, dass er einen Selbstzweck hat, nicht aber, ob sein Selbstzweck wichtiger ist als der eines anderen Menschen, lassen sich Selbstzwecke nicht gegeneinander aufrechnen. Wir können nicht sagen, tausend Selbstzwecke, also tausend Menschen, seien wichtiger als ein Selbstzweck, also ein Mensch. Es geht also um die Forderung, jeden Menschen als Zweck an sich selbst zu achten.

Ein extremes Beispiel für die Gleichwertigkeit von Maximen wäre, wenn wir zum einen die Maxime „Man darf nicht lügen." und zum anderen die Maxime „Man soll andere Menschenleben retten." einander gegenüberstellen. Beide Maximen erscheinen sinnvoll und halten der Verallgemeinerbarkeit stand. Beide Maximen halten auch der Überprüfung nach der „Selbstzweck-Formel" stand. Aber wie würde man entscheiden, wenn beide Maximen aufeinandertreffen würden?

Wir stellen uns vor, wir leben im Berlin während der nationalsozialistischen Zeit. Wir wissen, dass unserer Nachbar Jude ist und auch, wo er sich versteckt hält.

Wie können wir gemäß der beiden aufgestellten Maximen handeln, wenn die Gestapo uns fragt, wo der Nachbar sei?

Wir lassen bei dieser Frage jetzt außer Acht, dass diese Maximen nicht von mir fordern, mein eigenes Leben zu gefährden, um das eines anderen Menschen zu retten. Wir gehen außerdem davon aus, dass wir wissen, dass die Gestapo für den jüdischen Nachbarn eine Gefahr für sein Leben darstellt. Selbstverständlich dürfen wir also unseren jüdischen Nachbarn nicht verraten, denn eine Maxime ist es, Menschenleben zu retten. Ich darf der Gestapo folglich keine ehrliche Antwort geben, denn ansonsten gefährde ich das Leben meines Nachbarn. Das bedeutet aber wiederum, dass ich gegen die andere Maxime „Man soll nicht lügen" verstoßen muss. Egal wie ich mich auch verhalte, ich werde gegen eine Maxime verstoßen müssen.

Nun kann man natürlich schnell sagen, ein Menschenleben zu retten, sei wertvoller, als die Wahrheit zu sagen. Aber genau diese Wertigkeit von Selbstzwecken, von Maximen schließt Kant aus.

Man kann zwei Maximen nicht gegeneinander abwägen. Wie sollte das auch gehen? Jeder Mensch wird bei unterschiedlichen Maximen auch eine andere Wertigkeit für richtig halten als ein anderer Mensch. Im vorliegenden Beispiel wird die Gestapo anderer Ansicht sein als wir: Sie würde unsere Lüge für verwerflich halten. Sie würde außerdem das Leben des Juden anders bewerten als wir. Und sie wäre darüber hinaus im Einklang mit dem damaligen geltenden Recht. Wir würden mit der Lüge gegen dieses Recht verstoßen.

Die Verallgemeinerbarkeit der beiden einzelnen Maximen geht durch ihre Gegenüberstellung in diesem Beispiel verloren. In diesem Beispiel steckt man also in einem sogenannten moralischen Dilemma.

Dieses Dilemma trifft in ähnlicher Form, wie ich noch zeigen werde, aber auch auf den Abschuss eines Flugzeuges zu, das als terroristische Waffe eingesetzt werden soll. Bezieht man dieses Dilemma mit ein, wäre der Abschuss des Flugzeuges moralisch anders zu bewerten als zuvor.

Glückseligkeit ist das Bewusstsein der Annehmlichkeit des Lebens. Es widerspricht, so trivial das auch erscheinen mag, eindeutig der Glückseligkeit eines jeden Menschen, wenn man in einem Flugzeug sitzt und von einem anderen Flugzeug abgeschossen wird. Da aber die Glückseligkeit ein notwendiges Verlangen ist, muss diese in einer Maxime Beachtung finden. Nach Kant sind wir weiter verpflichtet, den Selbstzweck eines jeden Menschen zu achten. Nur wenn wir dieses beherzigen, können wir moralisch richtig handeln. Wenn also jeder Selbstzweck genauso wichtig ist wie jeder andere Selbstzweck und wenn ein Selbstzweck damit genauso wichtig ist wie tausend Selbstzwecke, dann kann man den Abschuss der Maschine nicht damit rechtfertigen, dass man versucht, die Anzahl der geretteten Menschenleben gegen die der geopferten Menschenleben aufzurechnen.

Ein Abschuss würde weiterhin bedeuten, dass die Menschen an Bord des Flugzeuges nicht als Zweck – als Menschen mit einem Selbstzweck -gesehen werden, sondern nur als Mittel gebraucht werden. Sowohl die Passagiere als auch die Besatzungscrew des entführten Flugzeugs dienen in dem Fall nur noch als Mittel, um die anderen Menschen, zum Beispiel im hier angenommen Zielgebiet „Olympiastadion", zu retten.

Die Menschen an Bord des Flugzeuges und die im vollbesetzten Olympiastadion sind alle Subjekte. Subjekt zu sein heißt aber auch, selbst entscheiden zu dürfen. Bei einem Abschuss wird die Entscheidung aber nicht von diesen Subjekten getroffen, sondern von anderen Personen. Somit werden diese Menschen zu Objekten. Das passiert nicht einfach so, sondern genaugenommen werden sie von diesen anderen Personen zu Objekten degradiert. Sie werden in diesem Fall von der Regierung, die das Luftsicherheitsgesetz verabschiedet, vom Subjekt zum Objekt degradiert.

Nun bleibt die Frage, wie die Entführer zu sehen sind. Selbstverständlich fallen diese auch unter die „Selbstzweck-Formel" und haben ebenfalls ein natürliches Streben nach Glückseligkeit.

Auch die Entführer würden aber bei einem Abschuss nur als Mittel dienen. Damit wäre selbst im Hinblick auf die Entführer diese Handlungsweise nach Kant als moralisch falsch zu betrachten.

Aber ist es nicht so, dass die Entführer, im Gegensatz zu den Flugzeuginsassen, sich freiwillig und aus freien Stücken selbst in diese Situation gebracht haben? Welche Gründe auch immer sie zu dieser Tat veranlasst haben, sie können diese Entführung jederzeit beenden. Im Gegenteil zu den anderen Flugzeuginsassen haben sie ein relativ großes Handlungsspektrum. Wenn sich die Entführer stattdessen dafür entscheiden, die Tat weiter durchzuführen und nicht einfach irgendwann aufzugeben, machen sie sich mit dieser Entscheidung selbst zum Objekt. Sie haben dann entschieden, dass ihr Handeln und damit ihre Person zur Durchsetzung von ihren eigenen Interessen benutzt werden. Indem sie sich also selbst zum Objekt deklarieren, fallen sie auch nicht mehr unter die „Selbstzweck-Formel" und haben auch kein natürliches Streben nach Glückseligkeit mehr.

Natürlich sehen die Entführer das anders: Sie würden ihren Selbstzweck vermutlich mit dem Erreichen ihrer Ziele gleichsetzen, ihr Streben nach höchster Glückseligkeit wäre demnach das Gelingen des Anschlags. Bei meiner Fragestellung geht es aber darum, die moralische Situation derjenigen, die den Abschuss einer solchen Maschine durchführen oder anordnen müssen, zu klären. Daher werde ich diesen wichtigen Aspekt vernachlässigen.

In meinem aufgezeigten Beispiel ändert die Frage, ob die Entführer an Bord als Subjekte oder Objekte zu sehen wären, freilich ohnehin relativ wenig. Denn es ist nun mal nicht möglich, in einem fliegenden Flugzeug von außen die Entführer zu töten und dabei die anderen Flugzeuginsassen zu verschonen.

Anders würde das zum Beispiel bei einer Geiselnahme aussehen. Wenn bei einem Banküberfall die Geiselnehmer damit drohen, Geiseln zu erschießen, um ihren Forderungen Nachdruck zu verleihen, machen sie sich damit vom Subjekt zum Objekt. Sie instrumentalisieren sich mit ihrer Tat selbst und machen sich zu einem Teil der Tatwaffe, um ihre Ziele zu erreichen. Man hat zwar die Maxime, Menschenleben zu retten. Aber da die Geiselnehmer sich selbst zum Objekt degradieren, indem sie es zu ihrem Selbstzweck bestimmen, Teil einer Tatwaffe zu sein, fallen sie nicht mehr unter diese Maxime.

In diesem Fall wäre es folglich auch nach der kantischen Moralphilosophie erlaubt, die Geiselnehmer zu töten („Finaler Rettungsschuss"), um das Leben der unschuldigen Geiseln zu retten.

Im Fall einer Flugzeugentführung kann man aber Terroristen, die sich zu Objekten degradiert haben, und andere Flugzeuginsassen nicht voneinander trennen.

Die Frage, ob der Abschuss eines Flugzeuges, das zu terroristischen Zwecken entführt wurde und somit als Waffe eingesetzt werden soll, gerechtfertigt werden kann, lässt sich nach Kant also nicht moralisch entscheiden. Das Einzige, das man erkennen kann, ist, dass es moralisch verkehrt ist, dass die Subjekte (Passagiere) nicht selbst entscheiden dürfen.

Kant zeigt uns mit seiner Moralphilosophie ein moralisches Dilemma auf. Er ist aber davon überzeugt, „Welche Form in der Maxime sich zur allgemeinen Gesetzgebung schicke, welche nicht, das kann der gemeinste Verstand ohne Unterweisung unterscheiden."[8]. Er vertraut den Menschen, er hält sie für intelligent genug, eine moralisch richtige Maxime aufzustellen bzw. zu erkennen.

Derjenige, der nun ein entführtes Passagierflugzeug, welches als terroristische Waffe eingesetzt werden soll, abschießt, könnte dieses nur als moralisch richtige Tat tun, wenn es dafür eine Maxime geben würde. Kant sagt: Nur der Wille ist gut. Nicht die Folgen sind entscheidend, sondern mein Wille. Handele ich nach der richtigen Maxime, handele ich also moralisch richtig.

Der höchste Zustand nach Kant ist, wenn Glückseligkeit und Sittlichkeit aufeinandertreffen. Ob es bedeutet, glücklich zu sein, wenn man sittlich handelt, lässt sich nicht in jedem Fall sagen. Im vorliegenden Fall kann man vermutlich mit keiner der beiden möglichen Entscheidungen glücklich werden. Auch Glück kann nicht gegeneinander aufgerechnet werden, das Glück der Opfer in der Maschine gegen das Glück der möglichen Opfer im Zielgebiet der Terroristen. Hier hat die Sittlichkeit, die Richtigkeit der moralischen Handlung, Vorrang.

---

[8] Ebd. S.136.

Die Maxime aufzustellen: „Ich darf ein Flugzeug abschießen, wenn ich damit andere Menschen retten kann", funktioniert nach Kant nicht, weil das die Selbstzweckformel übersieht. Das ist ein moralisches Dilemma.

Man hat hier zwar nur eine Maxime, aber die Selbstzweckformel steht dem entgegen. Das bringt einen genauso in ein Dilemma wie in meinem weiter oben genannten Beispiel mit dem jüdischen Nachbarn, in dem die Maxime „Du darfst nicht lügen." der Maxime „Du darfst nicht töten." gegenüberstand. Man darf nicht sagen, dass in diesem Beispiel die Maxime „Du darfst nicht töten." höher zu bewerten ist als die Maxime „Du darfst nicht lügen.". Für Kant haben alle Maximen denselben Stellenwert. Auch bei diesen beiden Maximen kann man also schnell in ein moralisches Dilemma kommen. Wie entscheide ich also moralisch richtig, wenn ich nur mit einer Lüge ein Menschenleben retten kann? Es gibt keine dritte Maxime, die einem aus diesem Dilemma erlösen könnte.

Ähnlich sind wir auch bei der Entscheidung über einen Flugzeugabschuss in einem moralischen Dilemma. Befindet man sich in einem solchen Dilemma, kann der Bezug auf Kant nicht helfen. Die kantische Moralphilosophie hilft auch in diesem Fall nicht weiter. Es bleibt einem nur übrig, selbst eine moralisch vertretbare Entscheidung zu finden und zu treffen.

Kant möchte einem auch keine endgültige Entscheidung vorgeben, wenn man in einem moralischen Dilemma dieser Art steckt. Dieses würde sonst bedeuten, dass es eine Art Liste mit möglichen Lösungsvorschlägen geben müsste. Aber jede Liste kann nur unvollständig sein, es wird niemals möglich sein, alle denkbaren Situationen zu erfassen. Deshalb war es das Bestreben von Kant, ein Gesetz zu finden, das für alle vernünftigen Wesen gilt und eine Allgemeingültigkeit besitzt. Dieses Gesetz hat Kant in seinem Werk „Kritik der praktischen Vernunft" herausgearbeitet: den kategorischen Imperativ. Für Kant bedeutet der Begriff der Freiheit, dass der Mensch als vernunftbegabtes Sinneswesen in der Lage ist, sich aus seiner Vernunft heraus selbst Gesetze zu geben. Er folgt damit als Sinneswesen nicht einfach nur seinen Neigungen und Trieben, sondern kann diese durch seine Vernunft steuern. Wenn ein Mensch also in der Lage ist, sich selbst aus seiner Vernunft heraus Gesetze oder auch Maximen zu geben, dann vertraut Kant darauf, dass dieser Mensch auch in einem moralischen Dilemma eine moralisch vertretbare Entscheidung finden kann.

Es bleibt die Frage, wobei man sich schuldiger macht, durch Eingreifen oder durch Nichteingreifen? Wenn ich eingreife, also den Abschuss tätige, dann ließe sich einwenden, man begäbe sich damit auf das Niveau der Terroristen. Denn auch ich verstoße dann mit dem Eingreifen ja gegen die Maxime "Du sollst nicht töten.". Ich bin dann schuld am Tod von mehreren hundert Menschen. Wenn ich nicht eingreife, verstoße ich gegen kein Gesetz, und am Tod von vielleicht tausend oder mehr Menschen sind dann, so könnte man argumentieren, ausschließlich die Terroristen mit ihrer Tat schuld. Aber trifft mich wegen meines Nichteingreifens dann nicht doch eine Mitschuld? Ich hätte die vielen Tausend Menschen doch wahrscheinlich retten können …

Egal wie man sich in dieser Situation auch entscheidet, es kommen Menschen zu Tode. Ein „moralisch richtig" oder „moralisch falsch" kann es so schwerlich geben. Man muss dennoch zu einer Entscheidung kommen, mit der man leben kann. „Nichts tun" ist nicht möglich, „nichts zu tun" bedeutet in so einem Fall eine ganz bewusste Entscheidung, ein Tun. Eine Entscheidung muss getroffen werden, man kann der Situation nicht entrinnen, wenn man im Cockpit eines Jagdflugzeuges sitzt.

Im Cockpit eines Jagdflugzeuges zu sitzen, bedeutet, man befindet sich in einer sehr kleinen Welt. Natürlich zum einem rein räumlich, aber auch in Bezug auf Informationen ist es sehr beengt: Die einzige Informationsquelle, die man als Besatzung eines Jagdflugzeuges besitzt, ist die Funkverbindung zur Bodenstelle. Das bedeutet unter anderem, dass man die Richtigkeit der Informationen, die man von dort bekommt, in der Luft nicht sofort überprüfen kann. Man ist für seine Entscheidungen auf diese Informationen angewiesen, ohne deren Richtigkeit prüfen zu können. Umso wichtiger ist es, sich schon vorher am Boden, in einem „One-G-Environment" (normale Erdanziehungskraft und Wohlfühlatmosphäre) darüber Gedanken zu machen, wie man handeln würde, und nicht erst, wenn man mit Überschallgeschwindigkeit auf sein vermeintliches Ziel zufliegt und innerhalb von Sekunden zu einer Entscheidung kommen muss. Wegdiskutieren lässt sich diese Situation nicht, man wird als Einzelner darauf vertrauen müssen, zu einer moralisch vertretbaren Entscheidung zu kommen.

Bereits erschienen:

Taschenbuch: ISBN 978-3-7412-0557-6
eBook: EAN 978-3-7412-5689-9

Salutogenese ist ein Konzept, dass sich mit der Entstehung und der Erhaltung von Gesundheit beschäftigt. Obwohl dieses Konzept erst im 20. Jahrhundert von Aaron Antonovsky entwickelt worden ist, beinhaltet es erstaunlich viele Parallelen zu der 2000 Jahre alten Traditionellen Chinesischen Medizin (TCM). In diesem Buch vergleicht der Autor, der u.a. Pädagogik an der Carl-von-Ossietzky-Universität in Oldenburg studiert und sich seit vielen Jahren mit der TCM (ins besonders mit Qigong) beschäftigt hat, beide Konzepte. Leicht verständlich wird zuerst das komplexe Konzept der Salutogenese und dann die TCM erläutert. Am Ende dieses Vergleichs wird dann versucht zu erklären, wie man beide Konzepte verbinden und für seine eigene Gesundheit nutzen kann.

Taschenbuch: ISBN 978-3-8482-1709-0
eBook: EAN 978-3-8482-6278-6

"Shibashi" (chin., "18er Stil"), das Qigong der 18 Bewegungen, ist eine besonders schöne, fließende Übungsform, die auszuführen sowohl eine Freude ist als auch zu einer tiefen Entspannung führt. Shibashi ist auch besonders gut für Leute geeignet, die viel am Computer sitzen und die typischen Bürosesselkrankheiten haben, wie z.B. Hals-Schulter-Syndrom. Gerade für diesen Personenkreis ist Shibashi ein optimaler Ausgleich.

Die 18 Formen der Harmonie sind in jedem Alter leicht zu erlernen und sehr wirksam zur Erhaltung der Gesundheit, zur Vorbeugung gegen Erkrankungen und zu ihrer Heilung.

Taschenbuch: ISBN 978-3-7357-6254-2
eBook: EAN 978-3-7357-6829-2

Techniken der Traditionellen Chinesischen Medizin (TCM), um das Herz zu beruhigen und den Kreislauf zu regulieren. Das Herz-Qigong ist eine aus 8 Übungen bestehende Methode, um den Organfunktionskreis Herz zu entlasten. Dies geschieht durch eine bestimmte Atemtechnik und durch die Förderung der inneren Ruhe. In den Bewegungen werden die für den Herzfunktionskreis wichtigen Leitbahnen massiert, so dass eine ähnliche Wirkung wie in der Akupunktur erzielt werden kann.

Das Herz-Qigong ist eine Methode des medizinisch orientierten Qigong. Es beugt Herz- und Gefäßerkrankungen vor und trägt zu deren Behandlung und Heilung bei.